スタディサプリ
三賢人の学問探究ノート
今を生きる学問の最前線読本

社会を究める

若新雄純 先生
コミュニケーション論

水無田気流 先生
社会学

小川仁志 先生
公共哲学

スタディサプリ 進路 ・編

ポプラ社

はじめに

人を〝熱中〟へとかき立てるものは何だろう？

私たち「スタディサプリ進路」は、高校生に向けて、自分らしい進路選択を応援するための情報を編集し、届けています。

多くの研究者や仕事人に取材をする中で、ひとつ気づいたことがありました。

どんなにすごいと言われる研究や、社会のあり方を変えてしまうような取り組みであっても、そのはじまりは意外にも、身近な出来事や気づきであることが多いのです。

このシリーズに出てくる賢人たちのはじまりも、そうです。
昆虫の色の不思議。教室での違和感。
親戚《しんせき》からもらった生き物図鑑を開いたこと。
きっかけは、誰にでも起こりうる、身近な出来事です。

しかし、その小さなきっかけを「おもしろい！」と感じたからこそ、
熱中への扉が開かれ、結果として「人間」「社会」「生命」といった
壮大なテーマへとつながっていきました。

賢人たちの熱中のストーリーは、
あなたにどんな気づきを与えてくれるでしょうか。

このシリーズが、あなたなりの熱中と出合い、
そして未来へとつながっていく、ひとつのきっかけとなりますように。

スタディサプリ 進路

2 生きづらさや違和感を どう言葉で伝えられるか？

水無田気流先生
社会学

3 哲学で社会は変わるのか？

小川仁志先生
公共哲学

1

世の中の「大前提」は本当にそれでいいのか？

若新雄純先生

福井県生まれ。慶應義塾大学大学院政策・メディア研究科修士課程修了。会社経営などを経て、現在は慶應義塾大学特任准教授および福井大学客員准教授を兼任。専門はコミュニケーション論。

その少年は「中二病」を卒業しないと決めた

ビジュアル系ソングを歌いながら自分で自分に酔いしれるイベントを企画し、まちづくりのために市役所に女子高生だらけの「JK《ジェーケー》課」をつくり、働いていないニートたちを集めた株式会社をつくり、研究の専門は「コミュニケーション？」と語る。

——怪しい。一体何者なんだろう？

そう思わせてしまいそうな独特の空気をまとっているのが、さまざまな実験的プロジェクトを立ち上げ、大学では人や組織のコミュニケーションについて研究する若新雄純《わかしんゆうじゅん》先生です。他人や社会への関心が高いのかと思いきや、意外にも、人一倍「自分って何だろう？」と考えてきたといいます。

「少年の頃から僕は、集団になじめず、勉強でも自分が納得しないとがんばれなかった。自分という存在や、社会との違和感をやり過ごせず、自分にこだわり過ぎてしまう。そんな自分って一体何なんだろう？」

若新《わかしん》先生は、そう自分に問い続けてきたのだそうです。

自分について考えることも、人の目に映る自分を気にすることも、特別なことではありません。でも、たいていの大人は「社会ってこういうものだから」と納得し、人との違いやズレを目立たなくして、社会になじもうとします。

ところが、若新《わかしん》先生は大人になっても「自分とは何か？」という問いを手放しませんでした。そして、人との違いやズレを正して〝組織のパーツ〟になるのではなく、自由に、素直に自分を表現できる組織や職場はつくれないものかと考えたのです。こうした若新《わかしん》先生の考えや取り組みからは、違いをひとつにまとめるのではなく、「違うままで、それぞれががんばれるチームをつくる」ためのヒントがえられるかもしれません。

これは、「自分とは何か？」との問いを人一倍考えた少年が、新しさを求めてゆるい実験的プロジェクトを数々実践するようになるまでのお話です。

なぜ僕は成績トップを維持しなかったのだろう

こんなに「僕」にこだわっているのは、僕だけ!?

あれは僕が小学3年生のとき、保護者参観日のことです。国語の授業で、クラスメイトたちがそれぞれ詩を書いて発表することになっていました。先生から「普段思っていることを書きましょう」と言われたので、僕はこんな詩を書いて発表しました。

「なぜ、僕は、この僕を生きているのか」――。

教室の後ろに並んだ保護者たちに、失笑が広がりました。ふり返ると、クラスメイトのユキちゃんのお母さんが笑っているのが見えます。何かいってはいけないことをいってし

自分と語り合うのが普通だと思っていた

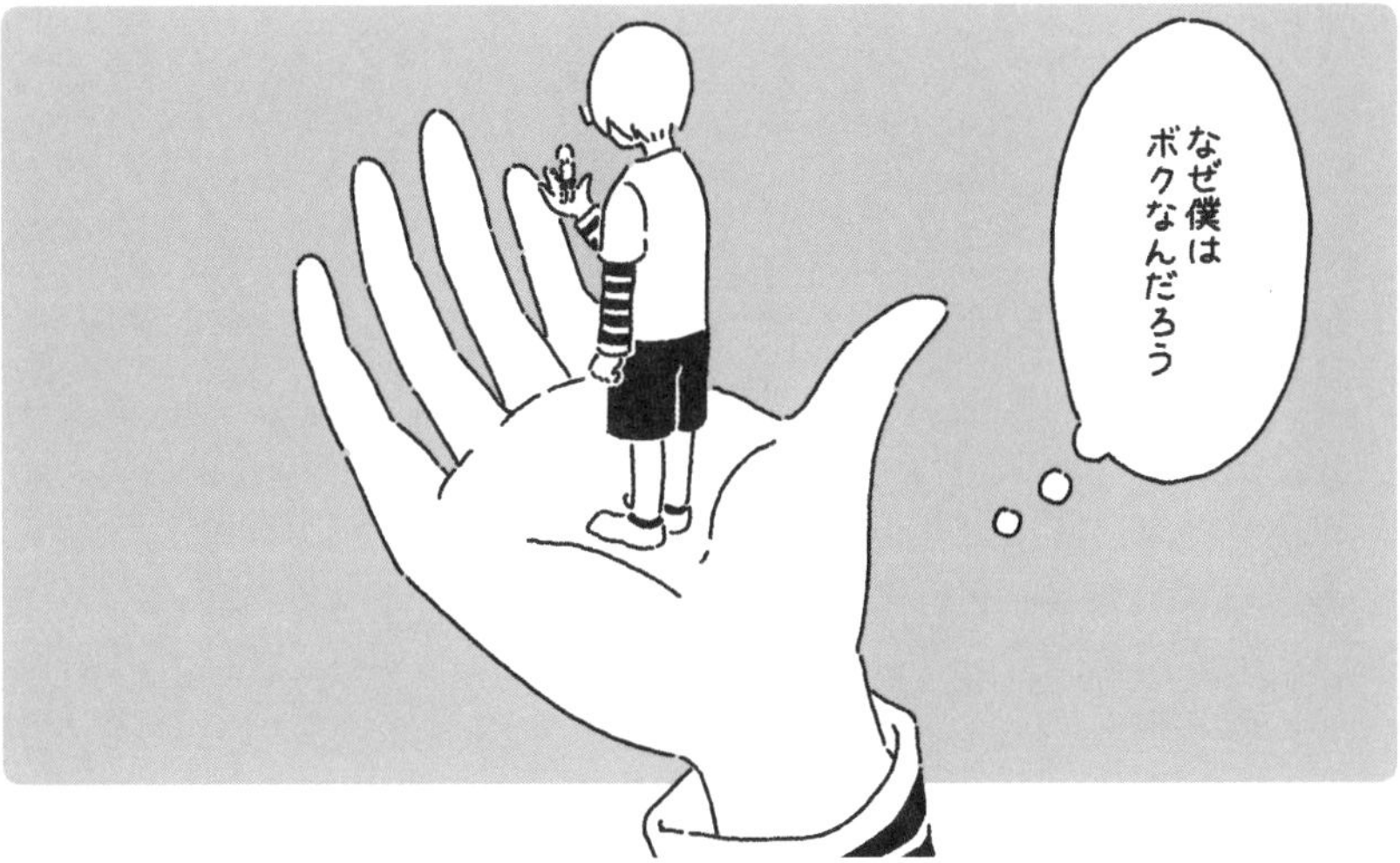

まったのだと、僕は悟りました。

その日の教室の情景、その瞬間に感じたことを、僕は今でも鮮明に覚えています。**僕は幼い頃から「なぜ僕は、他の誰かではないのだろう？」とずっと疑問に思っていました。**そして、僕だけではなく誰もが、頭の中で自分に質問をしたり答えたりしながら、自分自身と「自分とは何か？」について会話し、考えているものだと思っていたのです。

でも、違っていました。「自分とは何か？」について考えすぎたり他人に話したりすることは、恥ずかしいことなのだ……。この日以来、僕は、僕自身への関心や葛藤《かっとう》を、周囲には隠して過ごすことにしました。

ところが、自分への関心の高さや、自分が疑問に思うことへのこだわりは、いくら隠していてもふとした拍子に僕の外に現れます。

中学で入ったバレーボール部。僕は集団で声を出す「声出し」の練習が、いやでいやでしかたがありませんでした。なぜ全員で大きな声を出しているのか。「なぜこんなことをさせられているんだろう?」と思わないのか。そして、なぜ僕だけがいちいち疑問を持ってしまうのか……。僕は声出しができず、友だちとふざけてばかりで、顧問の先生に「人間のクズだ」と言われて退部しました。

勉強ではこんなことがありました。中学最初の定期試験でテスト範囲の暗記をまったくしなかったら、学年で5位の成績でした。決して悪くない結果だと思いましたが、学校の先生をしている父親からは「恥ずかしくて人にいえない」と言われてしまいました。次の試験ではテスト前に教科書の隅々《すみずみ》まで暗記をしたところ、学年で見事1位を取りました。

それなのに僕は、3度ほど1位を取れたら暗記がいやになり、半年後にはまた5位に戻ります。そして、「暗記をすれば僕は1位を取れるが、暗記をしなければ5位の実力なのだ」とわかったことに満足し、以降も暗記をすることをやめてしまいました。

四方を山に囲まれ、信号も自動販売機もない小さなまちに生まれ、「学校の先生の子どもなら、1位を取るのが当たり前だよね」と言われるような小さな世界にいた僕。暗記をすれば1位を目指せるのに、それさえすれば親や周囲の人を満足させられるとわかっていたのに、「なぜ暗記をしないといけないのか？」と疑問に思う気持ちをおさえられず、暗記をがんばることができなかったのです。

なぜ僕は、「こうしておけばまわりになじめる」「こうしておけばうまくいく」とわかっていることができず、いちいち疑問を持ってしまうのだろう。**自分という存在や、自分と社会が触れ合ったときの違和感に執着し、自分が納得しないと動けない……**。

高校生になると僕は髪《かみ》を染め、ビジュアル系バンドの世界にのめり込み、好きだった楽器に没頭するようになりました。学校ではバンドを組んだり、週末は友だちの家に泊まって遊んだりしながら、これ以上まわりから浮かないように「リア充」を装う毎日。自分の内面にふたをして、現実逃避をしていました。

「偽・リア充」やめます

高校3年生のときです。

進学校の特進クラスに通っていた僕は、受験に向けて補講を受けることになりました。

3年間、音楽ばかりに熱中していた僕は、ドラムの腕前こそかなりのものでしたが、勉強のほうはまったくついていけません。すると先生から、「放課後、手が空いている先生に勉強を教えてもらったらどうか」と言われました。

紹介されたのは、数学の先生でした。見た目にクセのある僕が「勉強を教えてほしい」とやってきたので、「何だ、この子は？」と驚かれます。ただ、そのときの僕は勉強に関心を持っていなかったので、数学を教えてもらうふりをしながら世間話をしていました。

それまで自分の内面にふたをしていた僕ですが、不思議なことに、先生と話すうちに「大人とまじめにしゃべってみようかな」と思い始めました。自分の学年を受け持っていない先生だったので、成績をつける／つけられるという関係性ではなく、対等な相手だと思えて気楽に話せたのかもしれません。

僕がひた隠しにしていた僕自身へのこだわりや、「自分とは何か？」の葛藤《かっとう》を話すと、先生の表情が変わりました――「こいつ、こんなこと考えているんだ！」と。**そして、僕の話を聞き終えた先生は「君はおもしろい」と言ったのです。**

僕は、他の先生にも会いに行きました。国語の先生や教頭先生も、僕の話を聞くと、そろって「君はおもしろいね」と言ってくれました。「まずは何とかして大学に行きなさい。そうすればきっと、何かで才能が開花するから」と。

小学3年生のときにふたをした、まわりの人にはいってはいけないはずの僕の内面の葛《かっ》

素直に生きていくことの大切さに気づいた

藤《とう》を、おもしろいといってくれる人がいた。このときに「あ、もういいや」と、僕の心の中で何かが変化しました。「もうまわりに合わせるのはやめよう。無理してリア充を装う必要もないし、部活になじめなかったことも恥ずかしいことではない。これからは、僕は僕だ、という感覚を持って生きよう」と。

このときの感覚を、僕は「素直」と呼ぶことにしました。素直というと、純粋であることや、いい人間であることをイメージするかもしれませんが、そうではありません。**自分の葛藤《かっとう》をあるがままに表現していくこと、そして自分自身が納得するかどうかで物事を決めていくこと――それが、僕のいう「素直」**。これからは「素直」に生きていこう、と自分自身に誓ったのです。

あの日、勉強がつまらなくなった理由

そういえば中学生の頃、父から「なぜお前は、そんなにも恵まれているのに勉強しないのか?」と聞かれたことがありました。暗記をすれば1位を取れるのに暗記をせず、望めば塾にも通わせてもらえる家庭環境にいながらドラムにばかり没頭している、そんな僕を見かねたのでしょう。

後《のち》に僕は大学院で、人間のモチベーション(自分を突き動かすやる気や、何かをするときの動機)に関する研究に出合いました。そこで、ようやく、なぜ自分は暗記をがんばろうと思えなかったのかを理解します。

人間は、ある程度までは「足りないものを満たそう」とする気持ちでがんばることができます。しかし、足りないものが満たされていくと「この程度まではやらなければダメだ」といったがんばる気持ちも、同時に薄れていきます。だから、そこそこ「足りないもの」を満たしたら、自分で自分のことを楽しんだり納得したりすることで満足する段階に進まなければいけません。

ところが、「誰かにもっと認めてほしい」などと、いつまでも欠乏感を満たそうとしてい

満足の先で、どうモチベーションを保つか

ると、次の段階に進めなくなり、やる気が失われるのです。

あのときの、なぜ恵まれているのに勉強しないのかという父の疑問に答えるなら、「そこそこ恵まれていたからこそ、勉強しようと思えなかった」のかもしれません。暗記するかしないか、そのこと自体に意味を見いだせず、5位の自分にそこそこ満足していたからでしょう。

「マイナスの状態から脱しなければいけない」とか「目標地点を設定して、今の状況とのギャップを埋めるためにがんばろう」などと、欠乏感を満たすがんばり方は、ある程度に達すると限界を迎えます。そうして走れなくなった人間がやる気を失い、「自分とは何か？」と思い悩むことは、おかしいことではなく、むしろ必然だった。そのことを、後《のち》の研究が教えてくれたのです。

ではどうすれば、足りないものを満たすことに区切りをつけて、次の段階へと進めるのか。すでにそこそこ満たされている僕らは、ハングリー精神の代わりに一体何があれば、人生がおもしろくなるんだろう？

——実はこの問いが、現在の僕の活動につながるキーワードになるのですが、そのことに気づく前に、僕にはもうひとつの転機が訪れます。

窮屈な場所から飛び出して、僕はまた窮屈になった

「イケてる先輩」の目が気になってしょうがない

大学に進学するときに、僕はあることを決めました。窮屈な、田舎の小さな世界から脱出して、まわりがどういおうが、自分が納得する「素直」なやり方で大学生活を楽しむこと——。実家から離れた公立大学に進学した僕は、「テキトーに遊んで、テキトーに授業をサボり、テキトーに勉強して単位を取るような大学生活がカッコいい」という周囲の空気に逆らうように、教室の一番前で講義を聞き、自分ひとりで「いかに鋭い質問をするか」のゲームをして、目の前の時間を有益なものにしようとしました。

大学で出会った人には、僕は自分の考えていることや、自分が目指していることについて話すようにしました。自分の内面をオープンにして、「素直」に表現すると決めていたか

らです。

ところが、まもなくして「素直」に生きていくことがそう簡単なことではないと気づきました。まわりの大学生と話をするたびに、僕の中で小さな違和感がくすぶるようになったのです。

「それに関心があるなら、3年のA先輩に話を聞くといいよ」

「俺がBさんを紹介してあげるよ」

僕が自分の考えを話すと、多くの学生が大学の中でもリーダー格の先輩の名前を出して、自分なら紹介できるというのです。まるで「イケてる先輩とつながっている自分」をアピールするかのように。

何だ、この窮屈な世界は？　あの狭い田舎の世界と同じじゃないか――。

親元から離れ、これまでの環境とはまったく異なる自由な世界に来たと思っていたのに、目の前に広がっていたのはかつてと同じ窮屈な世界でした。「イケてる先輩」と、それをめぐる派閥《はばつ》、くだらないアピール……。

――あれ？

なぜ僕は、イケてる先輩を紹介する学生たちのことをバカにしながら、こんなにも気にしているんだろう？　本当は、僕もイケてる先輩の目が気になっているのだろうか？　も

自分のいる世界から出てみる

し僕が僕だけに夢中で、「すべては僕を中心に決めればいい」と思えていたら、この窮屈さは感じないのではないか……。

そのとき、ようやくわかりました。僕の心の中には「みんなのことを気にする自分」がいたのです。そして、僕の自分自身への関心は、同時に、僕のまわりにいる他者や集団、僕を取り巻く社会への関心でもあったのです。

よく考えれば、たまたまその年、その大学に集まった人たちの中で、誰が有名か、どんな力関係があるかなんてことを気にするのは、非常にくだらないことです。

僕は、自分が今いる環境、今知っているものの範囲だけを「社会」だと考えていたから、これまで窮屈だったのかもしれない。想像してみよう、僕が今いる場所から一歩外に出れば、そこには別の社会が広がっている——。

海外から帰国すると、日本の街並みや風景の中に違和感を持つことがあります。**今自分に与えられた環境や条件がすべてだと思わなければ、それらにとらわれることなく「自分はどうしたいのか」を考えられるのではないか、ということに僕は気づいたのです。**

バラをくわえて歌い踊れ！

自分の中に「みんなのことを気にする自分」を発見した大学生の僕は、そんな自分と、とことん向き合ってみようと考えました。みんなの目を気にしてしまう自分や、恥じらう自分、でも本当は注目されたい自分など、そのすべてを公開してしまおうと思ったのです。

そこで企画したのが、自己陶酔をコンセプトにしたステージ「ナルシスト狂宴」です。自分のことを好きだという友人を集め、自分たちの等身大ポスターやプロモーションビデオをつくりました。さらに学園祭では、口にバラをくわえてステージに上がり、中学生時代から没頭していたビジュアル系バンドの音楽に合わせて歌い踊りました。

最初は、集まった観客からはまったく受け入れられませんでした。ステージの上からも

「あ、ドン引きされているな」とわかるほどです。でも、そのときの僕は、もう「今、この場にいる人や、この環境の中で受け入れられるかどうか」はさほど重要ではないとわかっていました。だから、自分がどれだけ納得できる世界観をつくれるかにこだわり、みんなに引かれている状況をも冷静にとらえ、おもしろがっていました。すると、不思議なことに「ナルシスト狂宴」は、回を重ねるごとに人気を集め、大学を代表する人気企画となったのです。

大学での経験から、僕は、自分がずっと抱えてきた「自分とは何か？」という問いは、他人との関係からは切り離せないものだと気づきました。僕らがいう「自分」とは、自分で自分自身を観察してわかる自分ではなく、自分以外の人たちと関わる中で見えてくる存在なのです。自分と他人とは切り離すことができない。だからこそ、僕らはときに「素直」であることを妨げる、偏《かたよ》ったものの見方をしてしまう。友だちがこういっているから、親がこう思っているから、学校が、時代が……と。そして、今いる集団や環境がすべてではないはずなのに、人は環境に縛られていき、組織の中で〝パーツ〟になっていく。

僕の「自分とは何か？」との問いは、次第に「友だちや親、まわりとの関わりの中で『自分』がどうやってできていくのか？」へと変わっていきます。

ズレていることが大事！目指せ、ゆるいコミュニケーション

ＪＫ《ジェーケー》がゆるくおしゃべりする「新しいまちづくり」

大学院を出て独立した僕は、人が、それぞれの違いやズレを持ったまま関わりあっていく新しい組織の形や、創造的なコミュニケーションのあり方をつくれないかと考え、実験的なプロジェクトをいくつか始めました。そのうちのふたつを、ここで紹介します。

福井県の鯖江《さばえ》市で、女子高生（ＪＫ《ジェーケー》）が中心となってまちづくりを推進する「鯖江《さばえ》市役所ＪＫ《ジェーケー》課」を立ち上げたのは２０１４年の春のこと。これは、まちづくりなんて考えたこと

のない普通の女子高生たちが、市役所に集まり、おしゃべりをしながら何をやりたいのかを自分たちで考え、ゆるくまちづくりに参加するプロジェクトです。

JK《ジェーケー》課では、女子高生の自主性に委ねることを徹底しました。高校生を巻き込んだ地域参加プロジェクトの中には、大人がプログラムをつくって高校生を指導するものも少なくありません。**しかし、このプロジェクトの最大のこだわりは、大人が決めた問題に大人が決めた手順で取り組み、大人が決めた正解にたどり着かせるやり方ではなく、女子高生たちが悩みや違和感を好き勝手に話せる環境をつくることだったのです。**

JK《ジェーケー》課の担当になったのは、市民協働課の高橋《たかはし》さんという方でした。高橋《たかはし》さんは「市役所に出入りするからには、あいさつだけはきちんと教えたい」と言いましたが、僕はあいさつの指導はしないでくださいとお願いしました。「信頼関係さえ築ければ、自然と、彼女たちにとって最も親しみのある方法であいさつをするようになります。今、正しいやり方を教えても、信頼関係ができるわけではないんです」と説明しました。

すると、数か月経ったある日、活動の集合場所で、あるJK《ジェーケー》課のメンバーが手をふりながら高橋《たかはし》さんの名前を呼んで、「おはよう！」とあいさつしたのだそうです。それからというもの、高橋《たかはし》さんのことを下の名前で呼ぶようになったといいます。

JK《ジェーケー》たちとのつながり方が変わった

それは、上司と部下のような「教える・教わる」の関係性とはまったく異なる、ゆるいコミュニケーションを通じた信頼関係が生まれた瞬間でした。

もうひとつお願いしたのは、いかにも会議らしい「問題を話し合おう」「意見を出そう」という空気をつくらないことです。JK《ジェーケー》課は、プロジェクトのゴールを定めず、それどころか成果も求めないという方針を打ち出していました。税金を使う公共事業なのに「成果を求めない」という取り組みは異例のことで、当時は市民から反対の声も多く集まりました。

ところが、彼女たちは意見の求められないたわいのないおしゃべりの中から、大人だけではたどり着けないことを発見していきました。例えば、ごみ袋。女子高生たちの発想から生まれた、コスプレをして楽しくごみ拾いをする企画を実施したときに、「せっかくコスプレしても、市のごみ袋がダサい」という意見が出ました。これに市の職員が反応し、数か月後にはピンクとブルーのかわいいごみ袋がつくられたのです。

これが清掃活動へのやる気を上げたのか、まちがどれだけきれいになったのか、それらは客観的な指標で測ることはできません。でも、大人たちがちゃんと応えたことで、女子高生たちは「このまち、おもしろいな」と思えたはずです。**ＪＫ《ジェーケー》課に参加した女子高生たちには、このまちに自分がいる意味や市役所に行く意味が新しく生まれたのです。**

そして市役所で働く職員たちも、市役所の当たり前とは遠く離れたところにいる彼女たちが市政に関わる意味を、きっとそれぞれに感じられたはずです。この取り組みの重要なポイントは、これまでの学校や市役所の「縦の関係」とは異なるゆるいコミュニケーションや、違いやズレを排除しない組織の形にあったと僕は思っています。

ニートばかりを集めてつくった「怪しい会社」

学校に通ってもいない、就職してもいない、働く訓練を受けているわけでもない人は、世間で「ニート」と呼ばれています。僕は2013年、このニートだけを集めて全員を取締役とする実験的な会社の立ち上げに動き出し、その年の11月、全員ニート、全員取締役の「NEET《ニート》株式会社」を発足しました。

世の中には、ニートを「会社や組織に適応できない人」、つまり社会的弱者ととらえる人が多く、ニートを支援する既存のプログラムの大半は「いかにニート問題を解決して、ニートを減らすか」「はみ出してしまった人たちを、いかにあるべき場所に戻してあげるか」という視点で考えられています。でも、この会社は違います。**世間とズレているなら、ズレているなりの働き方や生き方、充実のしかたを模索するプロジェクトなのです。**

普通の会社のように上司と部下の関係をつくったり、働くためのルールをつくったりしたほうが、組織はスムーズに回ります。実際、全員が同じ取締役の関係のNEET《ニート》株式会社では、会議が長すぎて意見がまとまらなかったり、メンバー同士が激しくぶつかり合ったり、受けた仕事がうやむやになったりと、とんでもないことがたくさん起こりました。

それでも僕は、メンバーがゼロからルールをつくること、全員が対等な組織になることにこだわりました。ニートにとって人生を楽しむための新しい意味をつくる場所となるには、違いやズレを排除しないゆるいコミュニケーションでなければならないからです。

全員が対等な会社づくり

結果、ここでもいくつかの独特な活動が生まれました。1時間1000円で自分を遊び相手として貸し出す「レンタルニート」や、ニート同士が出会い、自由に遊んだり話したりしながら交流できる場をつくった、ニートによるニートのための活動――略して「ニー活《かつ》」。どちらも社会復帰や就職を目的としたものではなく、ニートの生活を楽しむためのものなのです。

世の中には「ニートなんかが充実した生活を送れるはずがない」という思い込みを持っている人も大勢いるはずです。**でも僕は、ニートであっても新たな出会いがあり、人生が発見にあふれ、自分が生きる意味をつくり続けていければ、充実した生活を送れるのだと考えています。**

正解はまやかしだ。そんなもの手放しちゃえ

コップからあふれた水はどこへ行く？

僕らが今住んでいるまちや、僕らを取り巻く現代の社会は、多少不便なことや解決しなければいけないことはありますが、そこそこ完成しています。**そこそこ満たされている中で、「問題を見つけて解決しよう」「マイナスな部分、足りない部分を満たそう」とがんばり続けるのは限界があります。**

――聞き覚えのある話です。

そう、中学生の頃、僕がテストで5位の自分を見て、「このマイナスの状態から何とか脱しなければいけない」とはどうしても思えず、テスト前に暗記ができなかったのと同じですね。

僕が大学院で出合った、アブラハム・マズローという心理学者の考えが、そのことを考えるヒントになりました。**マズローは、人間の欲求を5段階にわけて、低い階層の欲求が満たされると、より高い欲求を欲していくことを提唱した人です。**

まずは、食べたい・寝たいといった第1段階の「生理的欲求」を満たすこと。これをある程度満たしたら、次に、危険のない暮らしを送りたいといった第2段階の「安全欲求」を満たす。その次に、どこかに属したいといった第3段階の「社会的欲求」を、そしてまわりから尊敬されたいといった第4段階の「承認の欲求」を……と、人間は階段を一段一段昇るように、足りないものや欠けているものを満たそうとしていきます。

ここまでは、「足りない状態」を段階的に満たしていくことでやる気を感じます。足りないところをそこそこ満たして、次の段階へ。それで幸福感をえられるしくみです。

ところが、第5段階の「自己実現の欲求」は、これまでの足りないものを満たす欲求とは次元の違う「成長の欲求」であるとマズローは説いています。自分自身の存在意義や価値を求め、探求しようとする欲求です。この段階からは、「設定されたゴールに向かって足りないものを埋めていき、ここまで到達できれば満たされる」という性質のものではありません。

人それぞれの形で広がっていく

たとえるなら、第4段階の「承認の欲求」までは、コップに水を満たしていくイメージで、「自己実現の欲求」は満杯になったコップの水があふれていくイメージです。

コップの中に水を満たしていくのは、誰もが同じような光景をイメージするかもしれません。でも、コップの水があふれたあと、その水がどんな形で、どのように広がっていくかは、人それぞれイメージする光景が異なるでしょう。

満たすのではなく、人それぞれ異なる形で広がっていく……。**そこそこ満たされた人は、「ここからは、決まった答えやゴールはない」という出発点に立つ必要があるのです。**

あの日の「暗記したくない僕」に必要だったのは、親や世間の期待に応えようとすることではなく、自分が納得してがんばることができる意味をつくることや、変化を楽しむ姿勢だったのでしょう。

満たされているのに物足りないあなたへ

まちづくりやニートの生き方など、現代社会の端々《はしばし》で、実はあの日の僕と同じことが起きていると、僕は考えています。マイナスの状態から脱し、正しい状態へと目指すだけではもうがんばれない。そこそこ満たされているからこそ僕らは物足りなさを感じていて、「自分、自分、自分」ばかりの自分に悩んでいる。**そんな僕らに必要なのは、もう「正しい、あるべき状態」を設定するのをやめて、絶えず変化や広がりを求め、どんどん実験してみることや、新しい発見をえようと「試行錯誤そのもの」を楽しむことだと思うのです。**

僕らにこれから必要なのは「答え」ではありません。参加する意味、ここで生きる意味、一人ひとり異なる自分が納得して取り組むための意味を、みなさん一人ひとりがつくるほうが、よっぽど楽しんで生きていくことができるはず。そのためには、みんなが答えに縛られず互いに意味を問うことができる「創造的なゆるいコミュニケーション」や、違いやズレを排除しない組織をつくること――。これが、僕がさまざまなプロジェクトを通じて実験してきたことなのです。今後も実験と発見をくり返していこうと思います。

そうはいっても、あなたはこれから「答え」らしきものにたくさん出合うでしょう。

大人の中には、子どもに答えを教えてあげられないと、子どもにとって自分の価値がないと思っている人が大勢います。何とかして「大人は正しいことを知っているんだ」と言わなければと思っている人がいっぱいいます。でも、本当は大人もわからないことだらけです。わからないと正直にいえない事情が大人にはあるだけで……。だから、世の中でいう「答え」や「正解」って、とても怪しいものですよ。

もし、あなたが今、何らかの「答え」に縛られているのなら――それは大人があなたに教えた答えかもしれないし、あるいは、あなた自身が「自分はこうでなければ」と勝手に設定したゴールなのかもしれないけれど――その答えを、あなたは手放してもいい。

自分らしさとは、「ありたい自分」という答えを設定して生まれるものではなく、絶えまない活動や実験の中で徐々に見えてくるものです。自分が納得できるように「素直」に考えて、「素直」に表現していれば、それでいいんです。あなたが何者になるかは、あなたが「素直」に生きた結果でしかないのですから。

POINT

☑ 自分を過剰に意識し、自分と社会が触れ合うときの違和感に執着してしまう性格だった。

☑ 自分とは、他人や社会と切り離せないものだと気づき、組織やコミュニケーションの研究の道へ進んだ。

☑ ゆるいコミュニケーションができる環境をつくり、まわりとの違いやズレを排除しない新しい組織の形を模索している。

☑ これからは自分が納得する意味を自分でつくっていくことが重要であり、そのためにはまず与えられた「答え」から解放されることが必要だと考えている。

「正解」は手放してしまおう。
きっとそのほうが、
あなたが納得できる新しい意味が
生まれるはず。

もっと究めるための3冊

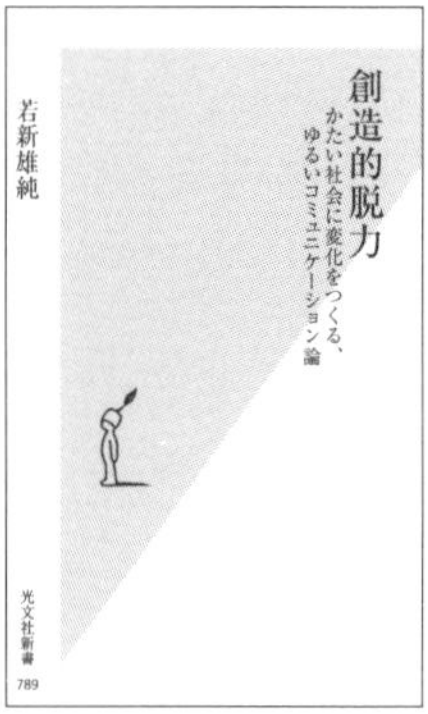

©若新雄純『創造的脱力』／光文社新書

創造的脱力

著／若新雄純　光文社

「JK《ジェーケー》課」や「NEET《ニート》株式会社」での取り組みを
もっと知りたい人に。満たされた時代に
生きる私たちに必要なコミュニケーションの
あり方がよくわかります。

コンプレックス

著／河合隼雄　岩波書店

なぜ「自分」の中に、さまざまな人格や感情が
潜み、複雑に混じり合っているのか……。
「コンプレックス」という言葉をヒントに、
その謎に迫ります。

自由からの逃走 新版

著／エーリッヒ・フロム 訳／日高六郎 東京創元社 現代社会科学叢書

社会心理学者エーリッヒ・フロムの
自由についての考察。私たちが「自由」と
思っているものは「本当の自由」なのか
という問いを、第二次世界大戦下の
ドイツを題材に考えます。

2 生きづらさや違和感をどう言葉で伝えられるか？

水無田気流先生

1970年神奈川県生まれ。早稲田大学大学院社会科学研究科博士後期課程単位取得満期退学。東京工業大学世界文明センター・フェローなどを経て、現在は國學院大學経済学部教授を務める。専門は社会学。

「制服を着て整列している人間が怖い」

あなたは、生活の中で生きづらさを感じたり、不合理だと思ったり、社会への違和感を覚えたりしたことはありませんか？　女性として、男性として、学生や若者として……。

「どうして女性だからといって進学や就職が不利になることがあるのだろう？」

「どうして男性だからといって『しっかりしなさい』なんて言われるのだろう？」

私たちは集団の中で、「役割」のようなものを背負う瞬間があります。そしてときに、ただの「役割」のはずのものが、生きづらさや違和感につながることがあります。つらいのは、その違和感が、「違和感を抱かずに暮らせる人」にはなかなか伝わらないことです。

詩人であり社会学者でもある水無田気流《みなしたきりう》先生は、小さな頃から集団の中で生きづらさや社会への違和感を持っていました。集団行動が大の苦手で、幼稚園のときには、同級生たちと一緒に帰りのバスを待っているだけで、なぜか怖くなって鼻血を出して倒れてしまったほどだったといいます。

先生をさらに苦しめたのは、「制服を着て整列している人間が怖い」……そのことも、その理由も、家族や周囲に伝えられなかったことでした。

苦手なものであれば、なるべくそれに関わらないようにして生きていくという選択肢もあります。しかし水無田《みなした》先生は、あえて積極的に苦手な集団――「社会」に関わる生き方を選びました。

「違和感を持つほど、『集団や社会』が恐ろしすぎて目が離せなくなるということは、むしろ自分の中に、その違和感を追求したいという欲求があるはずだ」

そんな思いから、水無田《みなした》先生が違和感を言葉にする方法として見つけ出したのが、詩をつくることと、社会学の研究でした。

これは、子どもの頃から持っていた違和感を何とか表現しようと模索した水無《みなし》田《た》先生が、「詩」と「社会学」というふたつの方法に出合うお話です。

たくさんの違和感を抱きながら大人になった

母の実家は「女子帝国」

今ふり返ってみると、私が社会に対して最初に違和感を覚えたのは、子どもの頃のふたつの体験からでした。

ひとつ目は学校生活を通じて感じたこと、ふたつ目は幼稚園でのあるできごとです。

その前に、私の母方の実家での話をしておきましょう。

私の母方の実家は古い農家なのですが、なぜか6代にわたって女の子しか生まれない家系でした。母を含めて女きょうだいばかりの家で、叔母と結婚した叔父は、婿《むこ》入りして母男性は何をしているのだろう？

方の実家を継いでいました。

でも、農作業のような力仕事も、家でのさまざまな行事や家事の仕切りも、すべては叔父の頭を通り越して、叔母たち「女」がやるのです。

しかも、私のいとこたちもみんな女の子ばかり。本当に女だらけの「女子帝国」です。**叔父は、家の大黒柱の前に鎮座しているだけで何もしません。ただのお飾りとしか思えない存在でした。**

当時の私には、男女がいないと子どもができないという知識なんてありませんでしたから、私が最初に男性について思ったことは、「育児もしなければ、働きもしないし、家事もしない。男の人って何のためにいるんだろう？」ということでした。

「男の子が見ているから」と、力をセーブする同級生たち

男性に対してこのような疑問を持っていた私には、成長するにつれてまわりの同級生の女の子たちがだんだん理解しがたい存在になっていきました。

小学生の頃は勉強も運動も男の子顔負けにできていた子たちが、中学生や高校生になると、男の子の目を意識してだんだん自分の力をセーブしていくのです。本当はもっとできるはずなのに、運動も勉強もそこそこにおさえてしまう。**これは、彼女たちが意識的か無意識的かはわかりませんが、「勉強があんまりできるとかわいくない」、そうまわりから思われることに気づいたからなのです。**

社会学者で東京大学名誉教授の上野千鶴子《うえのちづこ》先生は、「女性だから……」「男性だから……」など、性別の違いによって生まれる差別の問題を長年研究していらっしゃいます。その上《うえ》野《の》先生が、2019年の東京大学入学式の祝辞《しゅくじ》で、次のようにお話しになって、大きな話題になりました。

どうして女性は自分の力をセーブするの？

女子は子どものときから「かわいい」ことを期待されます。ところで「かわいい」とはどんな価値でしょうか？　愛される、選ばれる、守ってもらえる価値には、相手を絶対におびやかさないという保証が含まれています。だから女子は、自分が成績がいいことや、東大生であることを隠そうとするのです。

（「平成31年度東京大学学部入学式　祝辞」東京大学ウェブサイトより）

日本の社会の中では、女の子が勉強がものすごくできるというのは、あまりいいように思われていないのですね。**親も、自分の娘があまりに能力が高いと、男の子から避けられて、結婚できなくなるのではないかと心配し**

てしまうわけです。

だから、私の同級生たちが力をセーブしていったのは、女の子は男の子を立てるべきという、日本社会の中での女性の「あるべき姿」や価値観を受け入れて、自分をその型の中に当てはめていった結果なのだと、今では理解することができます。

でも、当時はそんな同級生たちがとても気持ち悪く感じたのです。「女子帝国」で育った私は、人間は男女問わず、自分の能力を最大限発揮して生きていくのが当たり前だと思っていました。それなのに、なぜそんなふうに、彼女たちは自らの能力を低く見せるように行動しなければならないのか、さっぱりわかりませんでした。私はたぶん、頭でっかちで、成長が遅かったので、余計にそんなことが目についてしまったのでしょう。

私にとってひとつ目の社会に対する違和感は、この「女性だから……」という決まった考えや、その型に自分を当てはめようとする女性たちに対するものでした。

鼻血を出すほど嫌いだった集団行動

もうひとつは、幼稚園のときに集団行動というものに対して持った違和感です。

私は、小さな頃から集団行動というのが本当に苦手でした。今でもまざまざと覚えているのが、幼稚園に入った最初の日——人生で初めて集団というものを強烈に意識した日のことです。

その日、園児たちは、みんなで園庭に並んで帰りのバスを待っていました。私の通っていた幼稚園では、みんなおそろいの制服を着ていました。黒くてかわいい制服でした。でも私は、制服を着た子どもたちがただ並んでいるというのが、異常に怖かったのです。なぜかは自分でもよくわかりませんでした。今思い出しても、理由ははっきりわかりません。とにかくあまりにも怖くて、その日私は、その場で鼻血を出して倒れてしまいました。実は、今でも制服を着て並んでいる人たちを見ると、すごく怖いのです。

人間は本来、顔も姿も性格も、人によってまったく違っているのが当たり前のはずです。**それなのに、集団の中に入った人間が、なぜか自分の意志で個性をなくそうとふるまうということに強い違和感を覚えたのです。**

動物も群れをつくりますが、それは弱い動物が強い敵から身を守るためとか、集団で獲物を狩るためといった生存本能によるものです。でも、人間の場合、動物の本能的な行動とは違って、他の人の目を気にして、他の人となるべく違わないように集団の中に入ろうとしているわけです。

集団は人間の個性を奪う

集団にまぎれていく人々

鼻血を出して倒れたあの日以来、私は帰りのバスの待ち時間に、みんなと一緒に並ぶことさえできなくなってしまいました。並ばされそうになると、いつもどこかに隠れていました。だから、帰りのバスに乗れなくて、いつも家に連絡がいくわけです。そうして、母が泣きそうになりながら私を迎えに来るということをくり返していました。

このとき、社会生活の中で覚えた違和感を、幼稚園に通っていた幼い私は、うまく言葉にできませんでした。母にもどうしてバスに乗れないのか、うまく伝えることができなかったのです。**だからこそ、自分の感じる違和感を他人に伝えないと、誰ともわかり合えないし、状況を変えることもできないと強く感じたのでした。**

違和感を伝えたくて、田《た》中《なか》理《り》恵《え》子《こ》から「水《み》無《なし》田《た》気《き》流《りう》」へ

国語辞典も電話帳も、何だって読んでやれ

社会生活の中での違和感を言葉でうまく伝えられるようになりたい……。そう強く願った私は、本を読んで言葉を覚えようと考えました。小学生になると、私は毎日、学級文庫や学校の図書室の本を借りて、本を読んでばかりいるようになりました。1か月に60〜70冊くらい読んでいました。どんなジャンルを読むのかは特に決まっていなくて、例えば今日は図書室のこの棚にある本を読もうと考えて、棚の端から端まで順番に本を借りる、などということもしていました。

読むものがなくなったら、小学校の入学祝いでもらった国語辞典や漢字辞典を読んでいました。言葉を調べるために見たのではなく、全ページの内容を全部読んだのです。電話帳も読みました。もう活字中毒ですね。とにかく、文字の世界に浸《ひた》ることが大好きだったのです。

こんなに本ばかり読んでいたのは、ひょっとしたら集団行動が苦手だったので、読書に逃げていたということもあるとは思います。本を読んでいるときはひとりになれますから。

ともかく、親に怒られるほど本を読んでいました。親としては本ばかり読んでずっと家の中にいるよりも、子どもらしくもっと外で遊んでほしかったのだと思います。でも私は、親に「いいかげんにしなさい」と怒られても、押し入れに隠れて懐中電灯を持ち込んで本を読んでいました。

同人誌だけでは伝えられない気持ち

こうして本をたくさん読んで、たくさんの言葉に出合った私は、次第に自分の気持ちを言葉で表現し始めました。最初がいつだったかは思い出せませんが、小学5年生の頃には、詩や小説のまねごとを書いて同人誌をつくり始めていました。チラシの裏に定規で線を引いて原稿用紙をつくり、山ほど作品を書きためていました。将来は作家や詩人になりたいと思っていたわけではありません。ただ「本を読んだり書いたりして、誰にも怒られずに生きていければなあ」くらいはぼんやりと考えていました。

ですが、どんなにたくさん文章を書いていても、私が抱いている違和感を人に十分伝えるということはできませんでした。というのも、私の父親と母親は、詩や小説などの文学といったものに興味のない人たちだったからです。特に父親は、「ごく普通の仕事人間のサラリーマン」だったので、社会的な意味や価値を通してでないと話ができませんでした。父や母のような人は世間にたくさんいます。**こういう人たちには、文学とは違う方法で違和感を伝える必要がありました。**

父親にも伝わる魔法の言葉・社会学

「どのようにしたら私の抱える違和感を、父親のような人たちにもわかる言葉で伝えることができるのだろう……」

そう考えていた私が出合ったのが、社会学の本でした。社会学というのは、おおざっぱにいうと、人間を社会的側面から研究する学問です。

例えば、「なぜあくびが出たり、のびをしたりするのか？」といったことは、人間の生理的なものなので社会学の対象ではありません。しかし、「なぜ学校へ通わないといけないのか？」とあなたが違和感を持った場合、それは社会学の対象です。なぜかというと、学校教育は社会がつくり出したシステムであり、学生というのは、社会によって位置づけられたポジションだからです。勉強というのは、そのポジションとして果たす義務であり、学校に勉強に行くというあなたの行為は、子どもを学校に通わせるという社会があって初めて意味があるわけです。

社会学では、その意味や価値、役割を考えることで、そこに違和感が生まれる理由に迫ることができます。**つまり、私にとって社会学は、違和感が生じる社会的な背景を研究する、いわば人の気持ちを取り上げる学問だったのです。**

初めて出合ったとき、社会学は、私の抱えている「生きづらさ」や「違和感」といった人生の謎をすべて解き明かしてくれる魔法のように思えました。

違和感を伝わる言葉に変換する！

詩人「水無田気流《みなしたきりう》」、誕生！

ところが大学院に進学し、研究を進める中で、次第に私は学術の言葉にもある種の違和感を覚えるようになりました。社会学は、「社会科学」に属する学問です。英語でいえば「ソーシャル・サイエンス」となります。ご存じのように、サイエンスとは「科学」と訳される言葉ですが、もともとはラテン語で「知識」を意味する「スキエンティア」が語源です。「客観的・普遍的妥当性のある知識」という意味であり、これは「独断や偏見」を意味する「ドグマ」と対置的な言葉といえます。

しかし、どこまでが客観性を確保できる知識であるかを証明するのは、厳密に考えればとても難しいことです。またつきつめれば、サイエンスの言葉はこの社会で真理とされ、正しい知識とされていますが、それは時代ごとに移ろい行くものでもあります。さらに、日本で社会科学系の学問は、つきつめれば西欧からの輸入学問でもあり、この国で「社会」を考えるときには、多くの例外や余剰を孕《はら》む部分もあります。

社会を「科学する」言葉だけではどうしても到達できない問題について、論文では書くことができない部分について平素考えないようにして研究を進めていくうちに、その余剰

の部分を言葉にしたい衝動に駆られて行き着いたのが、私の場合、現代詩を書くことでした。

詩の言葉は、科学の言葉で解明される以前、言葉が言葉の「かたち」を持つ以前の「何か」をそのままに描くことができる言語表現だからです。これは、主観的な言葉を「素直」にするなどという単純なものではありません。あらゆる芸術表現にも通底すると思いますが、詩の言葉は現時点での社会で真理とされ、正しいとされている現実の世界そのものを疑う契機となる言葉でもあります。

私は、研究の合間に詩をつくって、現代詩の専門誌に投稿するようになりました。すると、その投稿が毎回採用されるので、どんどんおもしろくなって、ひたすら詩をつくっては投稿するということをくり返しました。その投稿した詩を集めて、詩人・水無田気流《みなしたきりう》として出版したのが、私の最初の詩集『音速平和』です。

中原中也《なかはらちゅうや》と松尾芭蕉《まつおばしょう》と

ちなみに、水無田気流《みなしたきりう》というのは、もともとは私の詩人としてのペンネームです。本名は、田中理恵子《たなかりえこ》といいます。

私は、中原中也《なかはらちゅうや》という詩人の『蟬《せみ》』という詩が好きなのですが、その詩の中に「それは中国のとある田舎の、水無河原といふ　雨の日のほか水のない　伝説付の川のほとり、『中原中也詩集』（岩波文庫）」という表現があります。ここの「水無」と、本名の田中《たなか》の「田」の字を合わせてペンネームの苗字《みょうじ》にしたのです。

「気流」のほうは、『奥の細道』で有名な江戸時代の俳人・松尾芭蕉《まつおばしょう》が残した蕉風俳諧《しょうふうはいかい》の中にある「不易流行《ふえきりゅうこう》」という私の好きな言葉の真ん中から音を取って、「気流」という字を当てました。不易流行《ふえきりゅうこう》とは、「あらゆるものが流転《るてん》し、変化していくことこそが物事の本質である」という概念です。

詩人として活動するかたわら、社会学のほうでも幸運にも研究室を持つことができ、社会学者を名乗ることができました。**私の感じる生きづらさや違和感は、結果的に「詩」と「社会学」というふたつの方法によって、表現されるようになりました。**

私は、詩人も社会学者も最初からなろうと思ってなったわけではありません。自分の抱いた違和感を、何とか言葉で表現しようとしているうちに、いつのまにか詩人と社会学者という二足の草鞋《わらじ》を履くことになってしまったのです。

違和感に名前をつけたら「男は孤独死しやすい問題」が見つかった！

人間関係に入り込む学問、それが社会学

ここからは、私の社会学者としての活動について、ほんの一部ではありますが、お話ししたいと思います。その前に、「社会学とは何か？」ということを、もう少し説明する必要があるかもしれません。

「社会」と聞くととても大きなものを想像するかもしれませんが、学校やクラス、家族や友だちも立派な「社会」です。そもそも、人間は、人と人との関係性の中に自分がいて、

影響を受けて生きています。その影響は、どんな人が集団にいるかによっても大きく変わります。例えば、Aさんと一緒だと、とても気楽に過ごせるのに、Bさんと一緒だとなぜか居心地が悪かったり、けんかをしてしまったりすることはありませんか？　人と人との関係では、そこにどんな人がいるのかによって関係性に大きな違いが生まれるのです。

政治学や経済学、法学というのは、こうした関係性の違いには目をつぶって、人間全体をひとつの均質化した集団としてとらえ、社会の問題などを分析しようとします。いってみれば、世の中を一般化して論理を組み立てていく学問です。**一方、社会学は、人間同士の関係そのものに入り込み、そこで生まれる違いに目をつけ、その違いがどうして生まれるのかを解釈する学問です。**社会学というのは、人間関係がそこにある限り、どこにでも入り込んでいくゲリラ的な学問なのだと、私は思っています。

社会学者を名乗り始めた頃、私の研究対象は、自分自身が感じている個人的な違和感でした。しかし、社会学者として長年仕事をしていると、「こんな問題があるのだけれど何とかならないか」という要望を受けることが多くなってきました。個人の問題だけでなく、世間が持っている生きづらさや違和感についても、社会学者としてしっかり検証していきたいと考えています。

名前をつけると「問題」だとわかる

社会学を通じて違和感を言葉にするとはどういうことなのか。ここからは具体的に、私が主に研究しているジェンダー問題を例にしてお話ししましょう。

肉体的に異なる特徴を持つ男と女は、はるか昔から区別されてきました。それぞれ異なる特徴を持つのだから、異なる役割――「男らしさ」「女らしさ」を持つのが自然だと思われてきたのです。

この「男らしさ」「女らしさ」に違和感を抱いたひとりが、20世紀を代表する文化人類学者のマーガレット・ミードでした。ミードは南太平洋の社会とアメリカ社会を比較検討するなどの研究により、「男らしさ」「女らしさ」などの概念が文化集団ごとに異なることを明らかにしました。男性らしさや女性らしさというのは、肉体的な男女の差ではなく、社会や文化によってつくられたものと考えたのです。

生物学的な性別ではなく、社会的・文化的につくり出された性別の存在を説明したミードの功績は、やがて「ジェンダー」という新しい概念へと結実していきます。**ジェンダーという名前がついたことにより、ミード以降の時代では「男らしさ」「女らしさ」への違和**

名前をつけると目に見えるようになる

感を表現できるようになりました。そのことが、１９６０年代に世界で巻き起こった、女性を不当な差別から解放しようとする運動にもつながったのです。

名前がついたことによって、「男だから」「女だから」を理由に行われている不当な差別や不平等の実態を、指標として明らかにすることもできるようになりました。そのひとつが、世界経済フォーラムの発表している「グローバル・ジェンダー・ギャップ指数」です。

これは、経済・政治・健康・教育の４つの領域からジェンダーの平等・不平等を見る指標ですが、これを見ると日本は、ジェンダー平等度がとても低い国だとわかります。調査を行った世界１５３か国中、日本は１２１位

（2019年版）。これは先進国の中では最低レベルです。

たしかに、日本社会をよく見ると、国会議員の中に女性議員は参議院で2割、衆議院では1割しかいません。内閣にいる女性の大臣もひとりかふたりだけということもよくあります。会社では、部長や課長といった管理職に就く女性は全体の1割程度です。さらに平均的な給料の水準では、女性は男性の半分しかありません。

教育では、高校生まではだいたい平等といえますが、大学になると大きな差が出てきます。とある医科大学の入学試験で、女性というだけで減点されていたというニュースもありました。これは極端な例ですが、法学部や経済学部、理工学部などに進学するのは、圧倒的に男性ばかりです。この背景には、43ページでお話ししたように、「能力の高い女の子は結婚できない」という親のジェンダー意識もあります。

本当だったら能力のある人や適性のある人が、たんに女性だからという理由だけでふりわけられてしまっているとしたら、どう考えても不公平です。人材を活かすという意味でも、とてももったいないことだと思います。

このように「性別だけを理由に、与えられる機会や待遇が変わるのは不平等なことだ」と当たり前のように私たちが伝え合うことができるのも、社会学が「ジェンダー」という名前をつけて、違和感を言葉にしたからなのです。

女性にくらべて孤独死の多い男性たち

女性のジェンダー問題についてお話しすると、何だか男性のほうが優遇されているように思えるかもしれません。実際、ジェンダーに関する研究は、これまで男性優位の社会の中で、仕事や教育などで差別を受けてきた女性たちが、ジェンダーという言葉を使ってその差別による違和感を説明しようとしたことから始まっています。**でも、実は男性のジェンダー問題も深刻だということがわかってきています。**

最近、児童や生徒の安全を守るために、いわゆる不審者情報というものが、地方自治体から子どもを持つ家庭にメールで送られてきます。私も自分の子どもが小学生だった頃、こうしたメールを受け取りました。このようなメールで怪しい人物として情報が回ってくるのは、たいてい昼間に住宅地をうろついている男性です。

もちろん、「児童が触られた、殴られた」といった情報は必要ですが、なかには、ただ男性が道を歩いていたというだけで怪しい人物として情報が回ってくることもあります。一般に、男性が仕事をしているはずの昼間にふらふらと住宅地を歩いているのは怪しい、ただ歩いているだけでそう思われてしまうことがあるのです。

「男なんだから泣くんじゃない」

「男なんだからしっかり稼《かせ》いできなさい」

これだって、立派な男性ジェンダーの問題です。

先進国の中で見ると、日本の男性の平均寿命は女性よりかなり短くなっています。ホームレスになるのはほとんどが男性で、その割合は9割を超えています。さらに、自殺やひきこもり、孤独死の7割は男性です。「なぜ男性が女性より短命なのか？」「なぜ退職したり学校を長く休んだりして社会的立場を失うとひきこもりやすいのか？」、これは男性ジェンダーの問題として考えるべき課題です。

このようにジェンダーの問題を見ていくと、男性にも女性にも大きな課題があることがわかります。でも、男性と女性の差というのはなくなることはありませんし、なくなっても困ります。

ジェンダー論は、男女が完全に同じになることを目指すものではありません。**昔からいわれてきた「男性だから」「女性だから」といった思い込みに対する違和感を、言葉を使って表明し、個性や適性に合わせて、生きやすい社会を目指していくものなのです。**

世の中が息苦しく、生きづらいと感じたら言葉という武器を持とう

たくさん読んで、たくさん捨てる。残ったものに価値がある

まわりの人とうまく話せなかったり、まわりから変わり者扱いされたりして、世の中が息苦しくて生きづらい――。

そんなふうに思うことがあっても、無理にまわりに合わせる必要はありません。**そこにあるあなたの違和感は、あなた自身の個性です**。ですから、その違和感を言葉で語ることで、周囲の理解をえられるかもしれません。

しかし、自分の違和感を語るのはそう簡単ではありません。何の問題もなく、違和感を持たずに生活できている人の何百倍もの言葉を駆使して、そして駆使しながら選択して、彼らに伝わるようなひとつの言葉にまとめあげる必要があります。

安土《あづち》桃山《ももやま》時代に、茶の湯を完成させ、織田《おだ》信長《のぶなが》や豊臣《とよとみ》秀吉《ひでよし》に仕えた千《せんの》利休《りきゅう》という高名な茶人がいます。利休《りきゅう》には、ある人にツバキの花がほしいといわれて、他の全部を切ってしまい、一輪だけを残してその人に見せたというエピソードがあります。きっとそれと同じことだと思います。捨てた花の分、残った一輪が光り輝くのです。

これは言葉を使って表現することにも通じ

る考え方です。

大量に読んで大量に捨てる勇気——これが表現するときには必要なことです。そして、たくさん勉強した中から、たったひとつのマスターピース（傑作）を探さないといけません。私は詩をつくるときも、社会学の研究成果を人に説明したり、本を書いたりするときにも、いつもそう思っています。捨てた言葉の重みは、語るときの言葉の重みになるはずです。鍛え抜かれたボクサーのパンチが重い、といわれるのと同じではないでしょうか。

これから大学、そして社会に出ていくにつれ、あなたも社会の中で、身近な不合理や生きづらさ、違和感をもっと感じるようになるかもしれません。それを言葉で明らかにしてみましょう。その方法は文学でも社会学でもかまいません。**自分の持った違和感を人に伝わる言葉で語ることができれば、それだけで大きな武器になるのです。**

あなたが感じた見えない違和感を言葉にすることで、問題が明らかになることもあります。そうした一人ひとりの違和感が表現された積み重ねの結果、不当な扱いを受ける人や不公正さがだんだんとなくなっていき、今の社会で難しさを抱えている人が、少しでも生きやすい社会になっていく——そういうことに社会学の考え方がつながっていってほしいと思っています。

POINT

☑ 自分が感じた集団への違和感が研究の原点だった。

☑ 人間関係やジェンダー問題で感じる違和感を
言葉で表現しようとするうちに、
詩人になり社会学者になっていた。

☑ 男性らしく、女性らしくではなく、それぞれの個人の
特性や能力が活かされる社会になってほしいと
思って研究している。

☑ たくさんの言葉を知り、大量に捨てることで
表現する言葉には重みが生まれる。

違和感を語るには人の
何百倍もの言葉が必要。
あなただけの言葉を研ぎ澄まそう！

もっと究めるための3冊

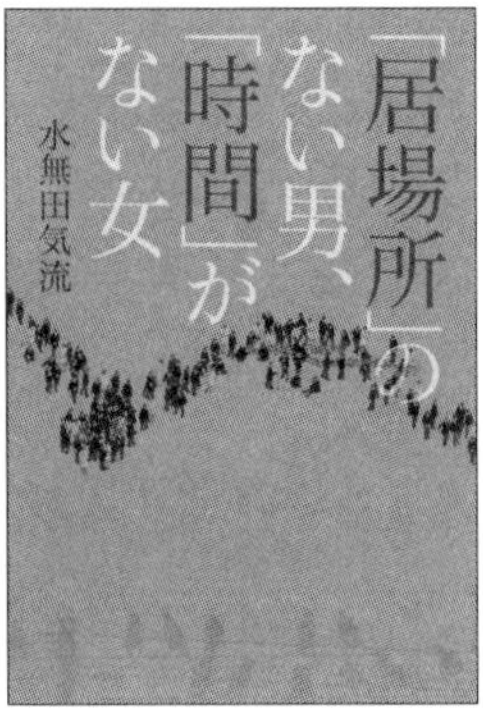

「居場所」のない男、「時間」がない女

著／水無田気流　日本経済新聞出版社

男女の間に横たわる「時空間の歪《ゆが》み」を
ひも解き、双方が「普通の幸せ」を
実現するために必要なものを探し求める一冊。
日本社会が抱えるジェンダーに
関わる問題を考えます。

©朝日文庫、朝日新聞出版

女ぎらい

著／上野千鶴子　朝日新聞出版

男も女も女性を嫌悪している!?
42ページにも登場したフェミニズム研究の
第一人者による論考集。
男性中心の社会が抱える問題点を
さまざまな具体例から分析します。

©朝日新聞出版

ジェンダー入門

著／加藤秀一　朝日新聞出版

そもそもジェンダーとは一体何なのか、
どうしてこのような問題が生じるのか……。
わかりやすい説明でジェンダーへの
理解を深められる入門書です。

3 哲学で社会は変わるのか？

小川仁志先生

1970年京都府生まれ。京都大学法学部卒業。名古屋市立大学大学院博士後期課程修了。徳山工業高等専門学校准教授などを経て、現在は山口大学国際総合科学部教授を務める。専門は公共哲学。

京大、商社、ひきこもりから市役所へ。たどり着いたのは「哲学」

有名私立高校から京都大学に合格。バンドや合コンとめいっぱい遊んでから、エリート商社マンへ……。空前の好景気だったバブルの時代、順風満帆の経歴を積み、自分の成功に酔いしれた青年がいました。その青年、小川仁志《おがわひとし》先生の人生は、1994年に台湾を訪れたことで思わぬ方向に動き始めます。

「社会を変えよう！」

大きな志《こころざし》を掲げて、カッコよく会社を退職したはずの小川《おがわ》先生は、気づくと、ひきこもりになっていました。お金もなく、心はどんどん病んでいき、ついには体を壊す始末。人生は、一転してドン底です。

しかし、そのドン底生活の中で、先生は哲学と出合います。そして、やっと就いた市役所職員の仕事を通じて、身近にあるのにひとりでは解決できない問題はどうしたら解決できるのかと考えるようになります。

よく考えてみると、私たちの生活には、実は「自分だけの問題ではないけれど、誰かが自分の代わりに考えてくれるわけでもない問題」がたくさんあります。

こうした問題の解決には、みんなが納得するルールを定めることや、人それぞれの人生にあった選択肢をつくること、つまり、行動することが求められます。

「現代社会は、さまざまな『みんなの問題』を抱えています。多くの人はこうした問題を『誰かが考えてくれるだろう』と放置してしまいがちです。しかし、それでは何も解決しません。だからこそ、『みんなでじっくり考え、行動し、変えていこうとする』場が必要です」――そう、小川《おがわ》先生は語ります。

人生をなめていた青年が、どうして「みんなの問題」の解決方法を考えるようになったのでしょうか。そして、「みんなの問題」を考える哲学とは――？

これは、順風満帆だった人生から一度脱落し、ひきこもりになった小川《おがわ》先生が、自分を無力感から救った「哲学」で社会を変えようと奮闘するお話です。

社会を変えようとする若者たち──衝撃を受けた台湾でのできごと

「合コンキング」がエリートサラリーマンに

今でこそ多くの人に公共（社会）とは何かを語り、公共のために自分の力を活かそうとさまざまな活動をしている私ですが、若い頃は、自分のことしか考えていない人間でした。

1989年、平成最初の年に、私は京都の進学校から京都大学の法学部に進学しました。当時の日本はバブル経済と呼ばれる好景気にわいていました。そのただ中で進学校に通っていた私は、高校3年間、大学受験のために勉強漬けだった反動からか、大学生活の4年間をひたすら遊びほうけて過ごしてしまいました。

若者たちの環境はまったく違っていた

私が大学に入学したのと同じ年、中国では民主化を求める人が天安門《てんあんもん》に集まり、それを政府が軍隊を使って鎮圧するという「天安門《てんあんもん》事件」が起きていました。ところが、そのときの私にとっては遠い世界の話でしかなく、何の実感もありませんでした。天安門《てんあんもん》事件で同じ年代の中国の大学生たちが政府によって弾圧を受けていた頃、私はイベントサークルの活動や友だちと組んでいたバンドの練習、それに合コンと、学生生活をめいっぱい謳歌《おうか》していました。大学では「合コンキング」などと呼ばれていたほどです。

こうして、何もしないままに楽しい大学生活はあっというまに過ぎてしまいました。授業にほとんど出ていなかったにもかかわらず、なぜか無事に卒業したばかりか、伊藤忠商事《いとうちゅうしょうじ》という一流企業に就職できてしまいました。まさに空前の好景気だったバブル時代のおかげでしょうか。順風満帆な人生でした。

仕事を始めてからも、よい上司や同僚に恵まれ、楽しい社会人生活を送っていました。一方で、大学生時代に遊びまくっていたため、特に何のとりえもなかった私は、語学に堪能な同僚が、入社まもなく海外出張に出たりするのを見て、焦りを感じることもありました。このままでは同僚に差をつけられてしまう。彼らに勝つ武器を身につけないといけない。そう思った私は、当時注目を浴びていた中国語の語学研修に名乗りをあげました。

1994年、台湾で出会った熱い若者たち

入社して2年目、念願叶《かな》って台湾に語学研修に行けることになりました。はりきって台湾に向かった私ですが、それが人生の大きな転機になるとは考えもしませんでした。

私が滞在していた1994年というのは、台湾では民主化運動まっさかりの頃でした。当時の台湾は、国民党《こくみんとう》という政党の独裁政権でした。国民党《こくみんとう》はもともと、中国本土の軍人であり、政治家であった蔣介石《しょうかいせき》に率いられた政党です。第二次世界大戦中は、現在中華

人民共和国の政権を握っている中国共産党《きょうさんとう》と共に、中国に侵攻してきた日本軍と戦っていました。ところが、日本が敗れると、中国共産党《きょうさんとう》と対立して敗れ、台湾に逃れます。そして、台湾で政権を打ち立てました。これ以降、台湾では、蔣《しょう》一族やその側近を中心とする国民党《こくみんとう》が政権を担いました。台湾の国家元首に当たる総統《そうとう》は、選挙ではなく、国民党《こくみんとう》の党首が独占していました。後《のち》に国民党《こくみんとう》に対抗して民主化を目指す民主進歩党《みんしゅしんぽとう》がつくられましたが、圧倒的な国民党《こくみんとう》勢力の前に、ずっと虐《しいた》げられていたのです。

そんな中、台湾の人権派弁護士として名高かった陳水扁《ちんすいへん》という人物が、政治の世界に進出します。彼は後《のち》に台湾の総統《そうとう》になる人物ですが、台湾の民主化運動に関わり、1994年の台北《タイペイ》市長選挙で民主進歩党《みんしゅしんぽとう》から立候補して当選。台北《タイペイ》市は台湾の中心都市です。野党の人物が初めて台湾の要職に就いたのです。

陳水扁《ちんすいへん》を台北《タイペイ》市長に当選させるための大きな力となったのが、私と同年代の若者たちでした。日本から来たおもしろい語学留学生ということで出演した台湾のテレビ番組をきっかけに私は彼らと知り合い、政治集会にも連れていかれました。そこで社会を変えることに熱くなれる人たちが、こんなにもたくさんいるのだということを知り、頭をガツンと殴られたような衝撃を受けました。今考えると、この経験こそが「個人が行動することで社会を変える力になる」ということを私に教えてくれました。そして、後《のち》に公共哲学を研究しようと思う原体験になったのだと思います。

台湾での語学研修を終えた私は、その後、北京《ペキン》で勤務することになりました。北京《ペキン》での仕事はとても大変で、息抜きのために、職場の近くにあった天安門《てんあんもん》広場によく出かけました。そんなある日のことです。その日も天安門《てんあんもん》広場で息抜きをしていた私の頭に、ふとある光景がよみがえりました。

「そういえば、ここで大きな事件があったっけ」

それは、学生時代にテレビで見た天安門《てんあんもん》事件でした。事件があった当時はまったく関心がなかったのに、このときは、テレビで見た天安門《てんあんもん》事件の映像——社会のために立ち上がる学生たち、鎮圧のために出動した戦車に立ち向かう若者たちの姿を、まざまざと思い出しました。そして、その映像に重なるように、台湾で見た民主化のうねりが脳裏によみがえってきたのです。

これは、私が「社会のために自分が何かをやる」ということの大切さを、遅ればせながら気づいた瞬間でした。

「社会を変えたい——しかし今の仕事のままでは、この思いを実践することができない」

そう思った私は、会社を辞める決心をします。26歳のときでした。

挫《ざ》折《せつ》から再生へ
哲学との運命的な出合い

エリートサラリーマンがひきこもりに

会社を辞めた私は、人権派弁護士になって、社会を変えていくことを目指しました。人権派弁護士——それは、台湾の民主化運動の中心となった陳水扁《ちんすいへん》の、政治家になる前の職業です。

弁護士になるには、司法試験を突破しなければなりません。今でこそかなり合格しやすくなりましたが、当時の合格率は、わずか2パーセント台。10年かかっても合格できない人がごまんといる難関試験に、そんなに簡単に合格できるはずはありません。**しかし、それまで挫《ざ》折《せつ》を知らなかった私は、自分が失敗するだなんて思ってもいなかったので、他の受験生が予備校などでしっかりとした試験対策をする中、独学で試験勉強を始めてしまい**

エリート街道から外れて下り坂へ

ました。今思えば、無茶な話です。

当然のように結果は2年経っても合格できず、私は人権派弁護士の夢をあきらめました。今まで順風満帆な人生を送ってきた私は、ここで初めて大きな挫折《ざせつ》を経験するのです。

会社も辞め、司法試験にも合格できなかった私は、会社員時代の貯金も使い果たしていました。かなり危機的な状況です。しかし、「社会を変える仕事をするんだ！」と、大見得《おおみえ》を切って会社を辞めた手前もあり、今さら別の会社に再就職するなんて恥ずかしくてできません。かといって、初めての挫折《ざせつ》から立ち直れていなかった私には、これ以上司法試験に挑戦する気力もありませんでした。

結局、私は無気力なままフリーター生活を

することを選びました。東京で、しかもアルバイトだけで生活するのは大変です。会社員時代にくらべて生活水準を大きく下げざるをえません。ボロアパートに住み、バイトは割のいい夜の工事現場の肉体労働ばかりをしていました。精神的にも体力的にもボロボロです。身なりに気をつかう気にもなれず、髪もひげも伸び放題で、それはもう、見るも無残なひどい姿になっていました。家にやって来た訪問販売の人が、驚いて逃げ出すほどです。こんな生活が続くうちに、いつのまにかバイトも減らすようになり、どんどん家にひきこもるようになっていきました。

「いい会社で働いていたのに、今はただのフリーター」

昔の知人たちがそんなふうにうわさをしているような気がして、人と会うのが怖くなってしまったのです。

「がん」かも――死を意識して哲学に出合う

すっかりひきこもりになった私は、不規則な生活や栄養不足がたたって、体に不調が出てしまいます。しばらく片頭痛が続くと思ったら、ついには腸から出血して血便が。医者には「大腸がんかもしれない」とまで言われます。私はこのとき、死を意識しました。これまでの自分の人生がいやになって、自殺することさえ頭をよぎりました。

幸いなことに、検査結果はがんではなく、不規則な生活やストレスによる一時的な出血でした。しかし、死を意識したこのできごとが、私にもう一度だけ立ち上がる決心をさせてくれました。

ドイツの哲学者マルティン・ハイデガーは、「死を意識すると懸命に生きられる」というようなことを言っています。このときの私は、まさにこの言葉の通り、これから懸命に生きようと思ったのです。

私は、図書館に入り浸《びた》るようになりました。自分の心の支えになってくれそうな本を探すことにしたのです。図書館では、宗教や心理学など、いろいろなジャンルの本を手当たり次第に読みあさりました。そうした中で、一番しっくりくる学問に出合います。それが哲学でした。**何冊かの哲学の入門書に書かれていた「自分で考える」という言葉が、私の胸に響いたからです。**

私には、自分で社会を変えたいという思いがありました。何か自分以外の大いなる力に頼ろうとは思っていませんでした。哲学とは、物事を変えていくために、自分で考える学

哲学が一筋の光を与えてくれた

問だと知って、哲学に強く惹《ひ》かれたのです。これが哲学との本格的な出合いでした。

余談になりますが、このときの経験は、私が今、おもしろくてわかりやすいことにこだわった哲学の入門書をたくさん書いたり、テレビに出て哲学を紹介したりしていることにつながっています。哲学との出合いで私が救われたように、多くの人に哲学を知ってもらいたいと思っているからです。

哲学の普及は、今や、私のライフワークとなっています。一見難しく、とっつきにくいと思われがちな哲学をより多くの人に伝えるためには、入門書や気軽に見られるテレビ番組のような、気のはらないとっかかりも必要だからです。

名《な》古《ご》屋《や》市役所から「哲学者」が誕生！

南《なん》海《かい》トラフ地震が起きる前に、何ができる？

死の恐怖から解放されて、再び生きる力を取り戻した私は、地方公務員を目指しました。当時は、30歳のフリーターを雇ってくれるような企業はどこにもないということもありましたが、前の会社を辞めたときに思っていた、社会をよくすることに関わる仕事ができるのは地方公務員だと考えたからです。いろいろと調べて、愛知県の名《な》古《ご》屋《や》市であれば30歳でも応募資格があることを知りました。

地方公務員になるにも、公務員試験に合格する必要があります。私は猛勉強しました。司法試験で失敗していたため、やみくもに勉強したわけではありません。どうすれば合格できるのかを考え、綿密な計画を立てて受験勉強をしたのです。その結果、名《な》古《ご》屋《や》市の地方公務員試験に合格することができました。

配属されたのは市役所の本庁で、まちづくりに関係する部署でした。都市計画のルールづくりなど、仕事はとてもやりがいがあったのですが、市民とじかに接する機会はあまりありませんでした。

名古屋《なごや》市は政令指定都市です。人口が多いため、いくつかの区（行政区）にわけられていて、それぞれに区役所が置かれています。市役所はルールづくりなど、名古屋《なごや》市の行政を取りまとめる仕事を行っていて、実際に市民が相談や苦情などを持ち込む窓口は区役所になります。

しかし、そのことを知らずに、たまに市役所にやってくる市民もいます。そうしたとき、私は、現場を知らないために満足な対応をすることができず、区役所で働いた経験のある先輩たちに怒られることがありました。**現場を知ることの重要性を痛感した私は、区役所に異動する希望を出しました。**

市役所に入って4年目、念願叶《かな》って区役所に異動することができました。私が配属されたのは、総務部の庶務係というところで、住民と接しながら、まちづくりや防災に携わる

もっと市民に寄り添いたい

仕事をすることになりました。

名古屋《なごや》市という場所は、将来、南海《なんかい》トラフ地震で大きな揺れが起こると想定されていることもあり、地震などの災害に敏感な人がとても多い地域です。だからといって、みんながみんな、災害への備えが十分なわけではありません。

しかし、限られた人数の防災担当者で区民全員を守るのは現実的には不可能です。地域の住民にもある程度、防災担当の役割を担ってもらわないといけません。住民の力を活かして、地域を変えていくのです。

みんなが後悔することのないように、問題が起きる前によい社会をつくることができないだろうか、次第に私はそう考えるようになりました。

市役所が抱える問題、解決するヒントは「哲学」にあり！

さて、ここからがいよいよ市役所勤めだった私が、どのようなきっかけで哲学の研究者になったのかという話です。

ひきこもりだった私を救ってくれた哲学――市役所で働きながら、私は次第に「働きながらでも、哲学をより深く勉強したい」と考えるようになりました。具体的にその方法を考え始めたのは、名古屋《なごや》市役所に入って1年が過ぎる頃でした。入った当時は無我夢中で仕事をしていましたが、その頃になると多少は仕事にも慣れ、哲学のことを考える余裕が出てきたのです。

きっかけは、名古屋《なごや》市立大学が発行していた冊子でした。そこには社会人でも通える昼夜開校の哲学のコースがあり、いずれは博士号も取れると書かれていました。しかも、市役所の仕事を通じて私が関心を持つようになった公共哲学が学べることもわかりました。

簡単にいうと、公共哲学とは、いかに自分が社会の利益のために貢献できるかを考える哲学です。「哲学」と聞くと、昔の哲学者の考えを学ぶ難しい学問に思えるかもしれません。しかし、哲学で大事なのは、自分で考えることです。特に公共哲学では、自分で考えたことを社会の利益となるように実践することも重要です。市役所での仕事を通して、公共哲学は市民一人ひとりの力を活かして地域を変えていくのに役立てることのできる学問だと思ったのです。

社会のルールは、国や県、市町村などの行政機関によってつくられ運営されます。しかし、そのルールをつくるには、多くの人の気持ちや考えをくみ取り、誰もが納得できるものを考えなければなりません。しかも、行政機関がつくるルールが必ずしも最善というわけでもありません。**だから、私たち自身がどう社会の問題の解決に貢献できるかを考える必要があるのです。**

それでは、市民一人ひとりは、どのように社会課題と向き合うべきなのでしょうか。ここで公共哲学の考え方が活用できます。例えば、あるまちで人口が増加し、新たなごみ処理施設をつくる必要が出てきたとします。しかし、臭いや有害物質を出すかもしれない施設が自分の家の前にできることを喜んで受け入れる人はいません。

それでは、どこに建てるのが望ましいと思いますか？

考え方のひとつに、「最大多数の最大幸福」というものがあります。これはイギリスの哲学者ジェレミー・ベンサムが唱えた、一人ひとりが感じる幸せを足し合わせていったときに、最も幸せが大きくなる選択肢を選ぶべきとする考え方です。

ごみ処理の問題でいえば、多くの人が住む地域にごみ処理施設を建てると、その分、迷惑に思う人が増えてしまいます。したがって、人の一番住んでいないところに建てるのが、幸せの総数を最大化できるという結論が導かれます。

しかし、本当にそれでいいのでしょうか。いくら人が少ないといっても、そこに住む人がいれば、その人たちの気持ちはどうなるのでしょう。森を切りひらいたり海を埋め立てたりするのであれば、環境への配慮も必要です。

「最大多数の最大幸福」という考え方がうまく活用できるケースもあれば、それをふまえつつ別の角度から考えてみなければならないケースもあるのです。少数意見への配慮や、それぞれ異なる人の幸せを数学的に足し合わせることはできないということも考慮しながら、その場の状況や生活をふまえて一人ひとりが考えていかなければならないのです。

「最大多数の最大幸福」はあくまで一例ですが、こうした社会課題を解決するための考え方は、多くの先人たちがたくさん編み出してきました。その一つひとつの思想を学び、今の時代に合わせてどう活用していくべきかを考えるのが公共哲学に求められる姿勢です。

誰かがやらなきゃいけない「みんなの問題」

新しい技術が世に出たり、社会問題が起きたりすると、専門家が話し合ってルールを決めていくというのが一般的ですが、人の決めたルールにただ従うだけでいいのでしょうか。

ルールというものを考えたとき、それが、私たちの社会や生活をどう変えるのかを考えていくと、自分にとっても身近で大きな問題となります。

例えば、完全に運転手を必要としない自動運転の自動車が将来実用化されたとしましょう。その自動運転車が事故を起こした場合、その責任は自動運転技術をつくった会社にあるでしょうか。それとも、運転席にいた人にあるでしょうか。こう考えると、個々の責任感や責任そのものに対する考え方が変わってくるはずです。

公共哲学の対象は、このような社会の課題です。この学問を研究することで、私は、こうした社会の課題に対して自分は何ができるかと考え、社会をよりよい方向に変化させていくきっかけにしたいと思ったのです。

大学院の受験を決意した私は、再び猛勉強をしました。もちろん、今度も合格するために綿密な計画を立てました。忙しい日々の仕事の合間を縫っての受験勉強は大変でしたが、無事に名古屋《なごや》市立大学大学院の人間文化研究科に入学することができました。

ここから私の「市役所の哲学者」としてのハードな生活が始まります。

夕方5時まで仕事をしたあと、深夜まで大学院で哲学の勉強をする毎日です。当時結婚していて、子どもも生まれていたので、仕事と勉強と子育てという三足の草鞋《わらじ》を履く生活でしたが、とても充実していました。大学院で学んだ公共哲学は、思っていた通り、そのまま市役所の仕事に活かすことができました。

市役所の職員になって5年目、大学院では博士号をあと1年で取れるというときのことです。ふとしたことから、山口県の徳山《とくやま》工業高等専門学校というところが、哲学の教員を募集しているということを知りました。

私は、市役所で働きながら、ずっと哲学の研究をしていこうと考えていました。しかし、大学院で学ぶことが高度になっていけばいくほど、現場に直接役立てることが難しくなっていました。同時に、研究者として専門的に哲学に関わって、本格的に研究したいという気持ちも生まれていました。そこで、思い切って応募することにした私は、「市役所の哲学者」から「市役所出身の哲学者」になったのです。

目指すはソクラテス⁉「哲学カフェ」へようこそ

こうして徳山《とくやま》工業高等専門学校で、哲学の教員としてのスタートを切った私でしたが、教育と研究の生活だけでは、自分のよさが発揮できないと感じていました。私が主に研究している公共哲学は行動の哲学です。自分も何か行動をしよう、そう思いました。**また、市役所で働いていた経験から、市民が世代や立場を超えてじっくりと議論できる場が必要だということを実感してもいました。**

そこで始めたのが、「哲学カフェ」です。哲学カフェは、もともとはフランスのカフェで行われていたもので、当時世界に広まりつつありました。カフェに集まり、「人生」や「自由」といった哲学的なテーマについて、みんなで話し合ってじっくり考えるというものです。ここでは、堅苦しいイメージのある哲学をやわらかな雰囲気の中で気楽に楽しむことができます。

哲学カフェは最初、学校の中で行っていました。徳山《とくやま》工業高等専門学校に通う学生の多くは理系です。そんな彼らが哲学に関心を持つのか不安でしたが、毎回楽しみに参加してくれる学生たちがいました。考えてみれば、10代後半から20代前半というのは、一番人生に悩む時期です。話し合える場所さえあれば、みんな、自分の人生や身のまわりの問題について話し合いたいのだと思いました。

カフェを始めて数回たった頃、彼らに明らかな変化が現れました。初めの頃は、私と参加者との対話ばかりだったものが、参加者同士の直接の討論ができるようになっていったのです。

古代ギリシアの哲学者ソクラテスは、人々に既存の価値観が本当に正しいのかを問いかけることから哲学を始めたといわれています。私は、哲学者の本来の役割は、古い書物を読みとくだけでなく、人々が考えるための手助けをすることだと考えています。だからこそ、「哲学カフェ」を開いて、多くの人たちに考える機会を提供することは、私の研究においても、とても大切なことなのです。

シャッター街を「アート」で盛り上げよう

哲学カフェが軌道に乗ってくると、市民にももっと気軽に参加してもらえるように、思い切って商店街を開催場所に選びました。商店街といっても、廃業した店の多い、いわゆる「シャッター商店街」です。すると、さびれた場所にもかかわらず、参加者がみるみる増えて、地元のメディアでも取り上げられるようになりました。**話し合う内容も、地域の課題といった社会的なものを取り入れて広がっていきました。**

ここでの議論が、さまざまなまちづくりの活動にも発展し、思いがけない成果を出したこともあります。例えば、「アート驚く商店街」という企画が、哲学カフェでの話し合いの中から生まれました。これは、アートで哲学カフェの場となっているシャッター商店街を飾り立て、まちを活気づけるという活動です。2010年に出版された『全国お元気商店街百選』という本の中に、まちおこしの画期的な事例として取り上げられています。住民たちによる議論で、シャッター街だった商店街を元気にしたというすばらしい事例です。

途中1年間、研究でアメリカの大学に行きましたが、徳山《とくやま》工業高等専門学校の教員とし

一人ひとりが当事者になってまちをささえる

て勤めた8年間、私は哲学カフェを続けました。その後、縁あって山口大学の国際総合科学部の哲学教員になった今でも、この哲学カフェは続けていて、もう十数年にもなります。

これからのまちづくりは、行政に任せっきりではいけません。**近所の並木道や公園の整備、ごみの収集、防災や福祉など、自分たちの身近な生活に関わる問題は、自分たちが当事者として何ができるのかを考えていくべきです。**

公共哲学の「ひとつの方法」としての哲学カフェは、その問題を解決する役割を担うことができると思っています。みんなで集まり、問題の本質を問い直してみると、忘れていたり気づいていなかったりすることが見えてくるのです。

みんなのものはあなたのもの。あなたの力を社会に活かそう

物事を疑うと問題点が見えてくる

社会を変えるのに自分の力を活かしたい。

そう思ってまわりを見回しても、今すぐ変えないといけない問題なんて、そう簡単には見つからないということもあるでしょう。**しかしそれは、そこに問題がないのではなく、見つけられていないだけかもしれません。**

特に、日本という国は、「今のままでいいや」と思う傾向が強い国です。明らかに自分が不利益になるような問題でない限り、今はまだ明らかになっていなかったり、小さな問題だったりした場合は、見過ごしてしまいがちです。しかし、それが将来、みんなの生活をおびやかす大きな問題になることもあります。

あなたのいる場所は本当に安全？

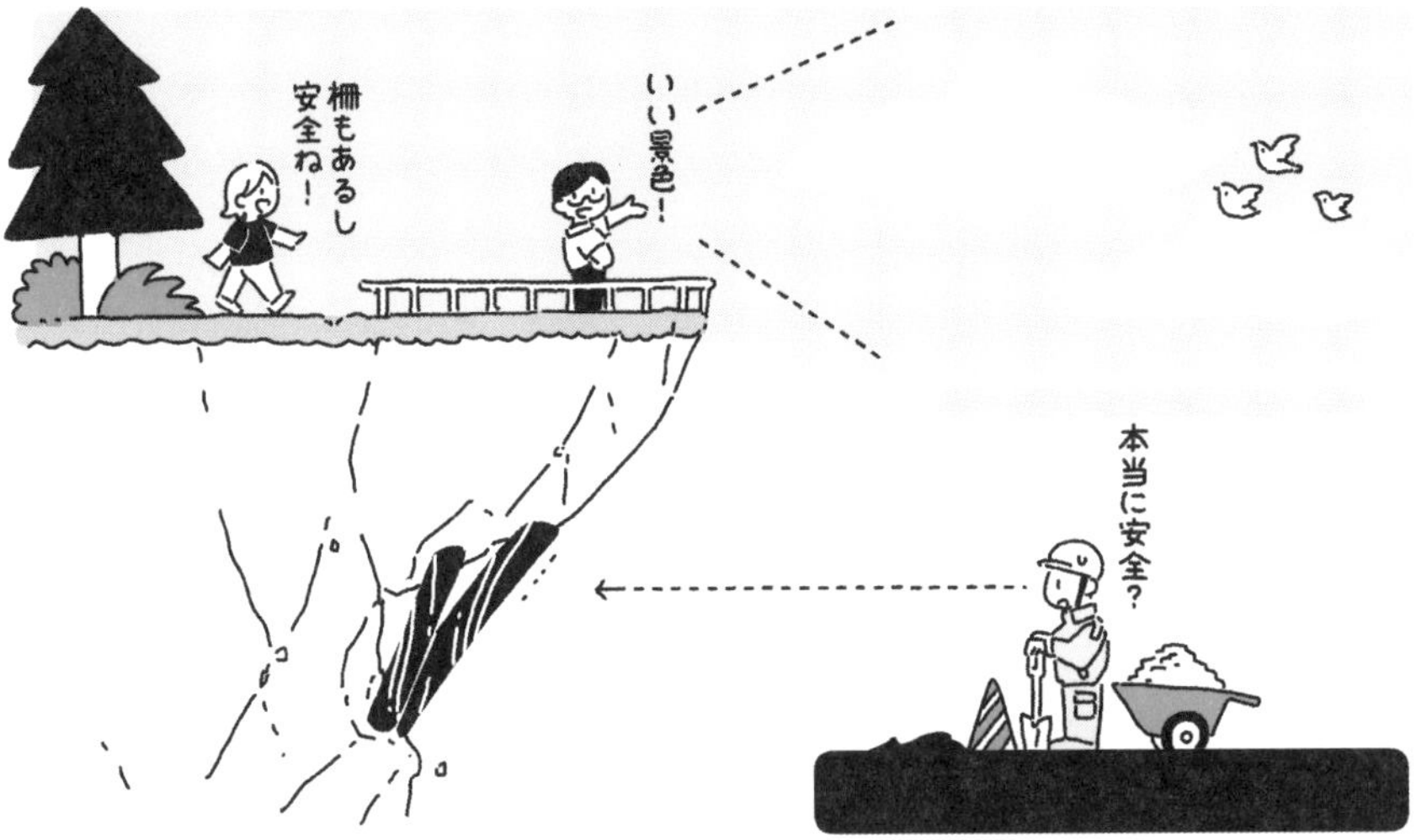

そんなとき、哲学的なものの見方が役に立ちます。哲学というのは、物事を疑い、批判的にいろいろな視点から見る学問です。

例えば、私があなたの前にリンゴを出して、「これは何ですか？」と聞いたとしましょう。きっとあなたは、当たり前のように「リンゴです」と答えるでしょう。

すると、私は問いを進めて、「では、なぜリンゴだと思うのですか？」と問います。あなたならどう答えますか？　答えに困るかもしれませんね。

実際、私が大学で学生たちに同じような質問をすると、彼らは「えーっ」と言って困ってしまいます。それは、高校までの学校教育で、「これは本当にリンゴなのか」と問題意識を持って疑ってみる哲学的なトレーニングをしてこなかったからです。
あなたの身のまわりの物事についても同じことがいえます。
あなたが毎日歩く道に落ちた、街路樹の葉や枝は、誰がかたづけるべきでしょうか。
あなたの地域に若者を定着させるために、何ができるでしょうか。
災害にあう前に、一人ひとりにできることは何でしょうか。

人は自分のことならわりとすぐに行動するのですが、公共のものとなると面倒で、そのままにしがちです。ですが、世の中にあるほとんどのものが、あなたも含めた「みんなのもの」なのです。社会にはさまざまな年齢、立場の人がいます。「みんなのもの」だからこそ、ひとりではなく、みんなで考えてみませんか？　みんなで議論するからこそ、これまでになかった問題意識が生まれてくることもあるはずです。
普段の生活で物事を疑うこともせず、ぼーっと生きていては、問題意識は生まれません。「今のままでいいや」ではなく、「本当に今のままでいいのか？」と疑って、批判的に物事を見てみましょう。**社会のためにあなたががまんするのではなく、社会を変えるためにあなたの力を活かす方法を考えてみましょう。**少し視点や考え方を変えるだけで、あなたが自分自身の手で変えなければいけない問題を見つけることができるはずです。

POINT

☑ みんなで現状の問題を語り合い、まちづくりや社会の問題の解決を目指す「公共哲学」の研究をしている。

☑ 市役所での仕事の経験から、問題が起きる前にみんなで社会をよくしていこうと考えた。

☑ 「哲学カフェ」などの活動によって、「公共哲学」が社会に役立つことを実証している。

☑ 自分を救ってくれた哲学的な考え方、ものの見方を知ってほしくて、哲学の入門書をたくさん書いたり、テレビに出演したりしている。

自分を取り巻く社会や生活の問題は
自分たちで考え、行動し、変えていこう。
あなたは「みんなのために」
自分をどう活かす?

もっと究めるための3冊

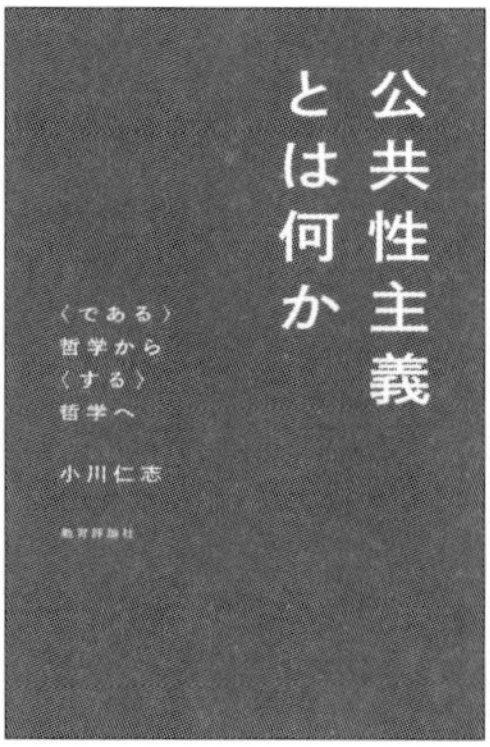

公共性主義とは何か

著／小川仁志　教育評論社

公共哲学の歴史をふまえたうえで
今求められる行動のための哲学を提案。
いかにすれば行動することができるのか、
世の中を変えるための具体的な方法が
見えてきます。

これからの「正義」の話をしよう

著／マイケル・サンデル　訳／鬼澤忍　早川書房

日本にもブームを巻き起こしたベストセラー。
世の中で起きるさまざまな問題を具体例に
あげ、どのように解決していくべき
なのかを公共哲学の視点で考えています。

哲学のヒント

著／藤田正勝　岩波書店

哲学するとはどういうことか、
日本哲学の大家が、日本人にも共感
できるかたちで書いた格好の入門書。
日本人でも哲学できるんだという自信が
出る一冊です。